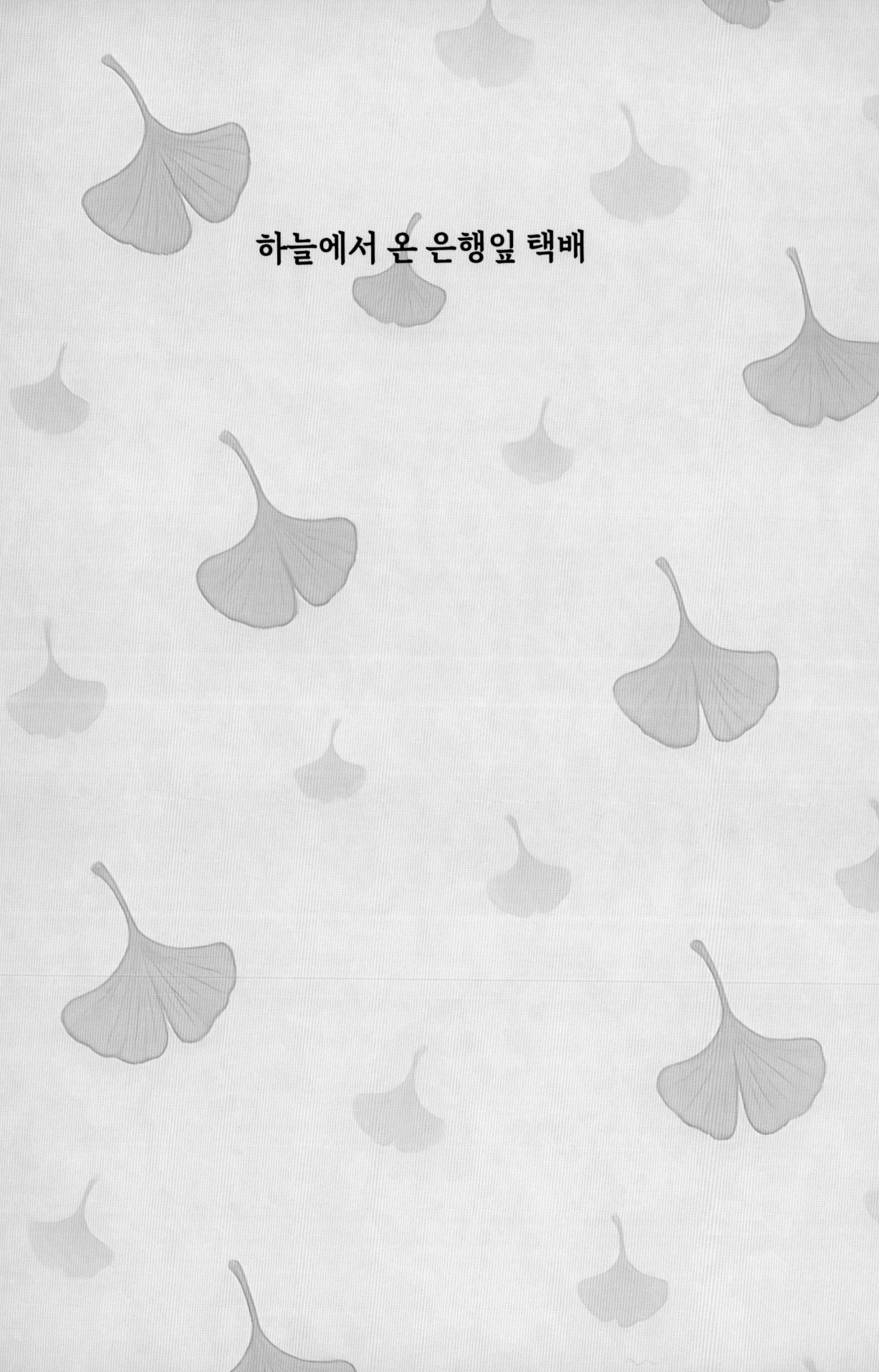

하늘에서 온 은행잎 택배

하늘에서 온 은행잎 택배

ⓒ 김영심, 2025

초판 1쇄 발행 2025년 10월 30일

지은이　김영심
펴낸이　이기봉
편집　　좋은땅 편집팀
펴낸곳　도서출판 좋은땅
주소　　서울특별시 마포구 양화로12길 26 지월드빌딩 (서교동 395-7)
전화　　02)374-8616~7
팩스　　02)374-8614
이메일　gworldbook@naver.com
홈페이지　www.g-world.co.kr

ISBN　979-11-388-4836-7 (03810)

- 가격은 뒤표지에 있습니다.
- 이 책은 저작권법에 의하여 보호를 받는 저작물이므로 무단 전재와 복제를 금합니다.
- 파본은 구입하신 서점에서 교환해 드립니다.

하늘에서 온 은행잎 택배

김영심 지음

좋은땅

추천글

김영심 작가의 『하늘에서 온 은행잎 택배』는 마치 할머니가 손주들을 무릎에 앉혀 놓고 조곤조곤 들려주는 한 편의 동화 같다. 아니 동화라기보다는 삶을 풍요롭게 그리고 성실하게 살아온 한 인간의 소박하고 진실된 기도로 느껴진다.

그래서 이 책을 통하여 작가의 삶을 들여다보고 죽음을 준비하게 만든다.

『'죽음'에게 물었더니 '삶'이라고 대답했다』 저자 손영순
마리아의 작은 자매회 까리따스 수녀

이 책은 '죽음을 말하지만' 그 안에는 '살아 있음'의 온기가 고스란히 담겨 있습니다. 은행잎 한 장에 담긴 사랑이 '떠나는 법'을 가르쳐 주고, '더 깊이 살아가는 법'을 일깨워 줍니다.

『그림책으로 배우는 삶과 죽음』 저자 임경희
그데함 대표

떨어지는 은행잎을 바라보며 미소 짓는 주인공의 죽음 준비가 따뜻하게 느껴집니다. 오랜 시간 강사로 활동하며 어르신들과 함께 울고 웃었던 저자의 손길로 그려졌기 때문입니다.

죽음이 끝이 아닌 삶의 완성이 될 수 있음을 이 책을 통해 다시금 느낍니다.

『괜찮아, 어차피 다 죽어』, 『누구나 죽음은 처음입니다』 저자 강원남
행복한 죽음 웰다잉 연구소 소장

작가의 글

우리는 모두 언젠가 죽음을 맞이합니다. 많은 사람들은 준비 없이 그 순간을 맞고, 후회와 두려움 속에서 떠나갑니다.

이 그림책은 7년간 어머니를 간병하며 대학병원, 요양병원, 요양원을 오가며 경험한 수많은 이별의 순간을 바탕으로, 어떻게 하면 존엄하고 평안한 죽음을 맞이할 수 있을지에 대한 깊은 통찰을 담았습니다.

웰다잉 전문강사, 애도 상담사, 자살예방강사로서, 강의와 집단 상담을 통하여 죽음을 두려움이 아닌 자연스러운 삶의 과정으로 받아들이도록 돕고 있습니다.

죽음 준비는 태교와 같습니다. 태아를 위해 태교를 하듯, 마지막 순간을 위해 마음을 준비하는 일도 꼭 필요합니다. 죽음을 준비하면 두려움 대신 평안이 찾아오고, 삶의 마지막이 더욱 의미 있어집니다. 남겨진 가족에게는 슬픔이 아닌 사랑과 따뜻한 유산이 전해집니다.

이 책을 통해 막연한 두려움을 넘어, 삶의 마지막을 존엄하게 준비하는 데 도움이 되시길 바랍니다.

작가 김영심

어느 조용한 아침, 창가에 앉아
따뜻한 차를 한 모금 마신다.

서랍을 열어

오래된 사진첩을 꺼낸다.

사진 속, 학창 시절의

내가 환하게 웃고 있다.

'내 나이가 언제 이렇게 되었지?
내 인생이 벌써 이렇게 흘러갔구나!'

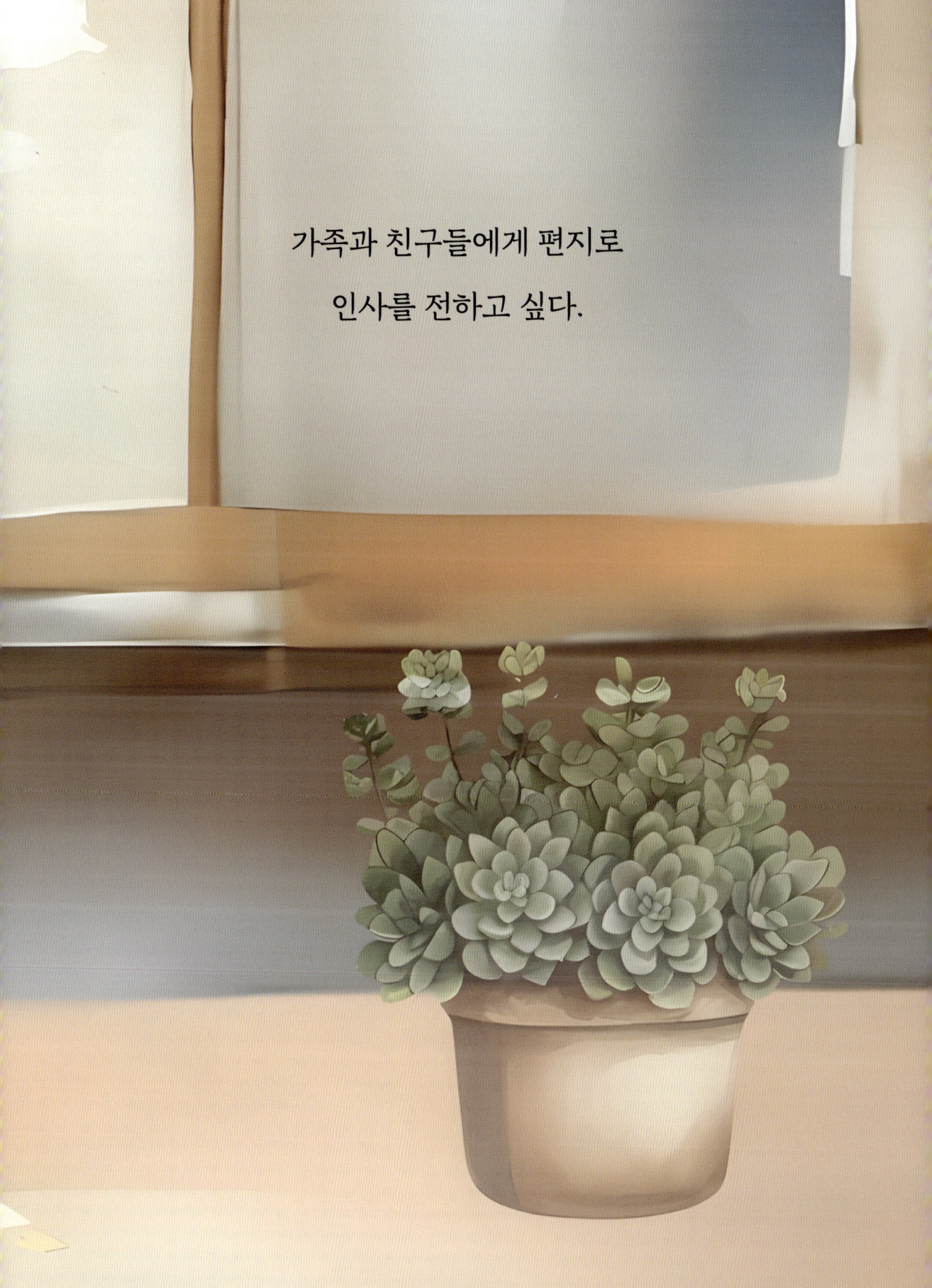

가족과 친구들에게 편지로
인사를 전하고 싶다.

하지만 손에 힘이 빠져
글씨가 삐뚤빼뚤하다.
"허허, 내 글씨가 꼭 배 안에서
쓴 일기처럼 흔들리는군."

오랜만에 친구와
영상 통화를 해 볼까?

지난달에 세상을 떠난 친구 이야기를
나누며, 우리는 함께 울고 웃는다.

'어머니 아버지, 그리고 나의 친구가
그랬듯이 나도 언젠가는 떠나겠지!'
사람은 영원히 살 수 없는 법.

태어남과 죽음은
자연스러운 일이다.

옛 사진을 한 장 한 장

넘기며

추억을 정리하고,

안 쓰는 이불과 옷들도 정리를 한다.

이제 나도 삶을 정리할 때가 된 것 같다.

'하나하나의 물건마다
소중한 기억이 담겨 있지만
내가 죽고 나면
아이들한테는 짐이 되겠지!'

'나는 살아 내느라고
고생은 했지만
참 잘 살아왔다.'

누에고치가 나방으로 변하듯

나의 죽음도 사라지는 것이

아니라 새로운 모습으로

계속될 것이다.

나도 가을 은행잎처럼 떠나겠지만
내가 남긴 흔적은 우리 아이들에게
아름다운 추억으로 남아 있겠지!

사랑하는 사람이 떠나면 슬프지만

함께했던 시간은

영원히 기억 속에 남아 있게 된다.

눈으로 볼 수 없어도

귀로 들을 수 없어도

손으로 만질 수도 없지만

그 따뜻했던 순간들은

그리움과 사랑이 되어

우리 마음을 영원히 이어 준다.

‘소중한 추억들이 나를
영원히 살아 있게 해 주겠지.’

'남은 시간 힘이 있을 때
더 많이 웃고, 더 깊이 사랑하고
더 많이 봉사하자!'

봄, 여름, 가을, 겨울
그렇게 내 인생도 흐른다.

'모든 것이 평안하고 감사하다.
하루하루 소중히
후회 없이 살아가야겠다.'

창밖을 보니, 한 잎 두 잎
떨어지는 노란 은행잎이
마지막 인사를 건네는 듯하다.

나의 인생을 돌아보라고
준비할 때가 되었다고
속삭이고 있다.

하늘에서 온 은행잎 택배
인생의 마지막 선물

마지막 장을 넘기며 사랑을 남깁니다

창밖의 은행잎이 떨어지는 모습을 바라보며 삶을 되돌아봅니다.
노랗게 물든 잎이 바람에 흩날리는 순간, 문득 깨닫습니다.
"우리의 인생도 저 은행잎처럼 흘러가고 있구나."
세월은 멈추지 않고 흐릅니다.
수많은 계절을 지나며 우리는 사랑했고, 울었고, 웃었습니다.
그러나 언젠가 우리도 자연의 섭리 속에서 조용히 떠나야 할 날이 올 것입니다.
은행잎이 떨어져도 봄이 오면 다시 새싹이 돋듯이
우리가 남긴 사랑과 기억들은 누군가의 마음속에서 살아갈 것입니다.
그러나 과연 우리는 떠날 준비가 되어 있을까요?
죽음 준비는 곧 삶의 준비입니다.
죽음을 외면하는 것이 아니라, 받아들이고 준비하는 것이야말로
더 의미 있고 가치 있는 삶을 사는 길입니다.
떠나는 순간 후회하지 않도록, 지금부터라도 죽음을 준비하며 살아야 합니다.
진심으로 사랑하고, 감사하며, 베풀며, 의미 있는 발자취를 남겨야 합니다.

삶이 다하는 날, 아름다운 흔적을 남기기 위해 우리는 지금 어떻게 살아야 할까요?

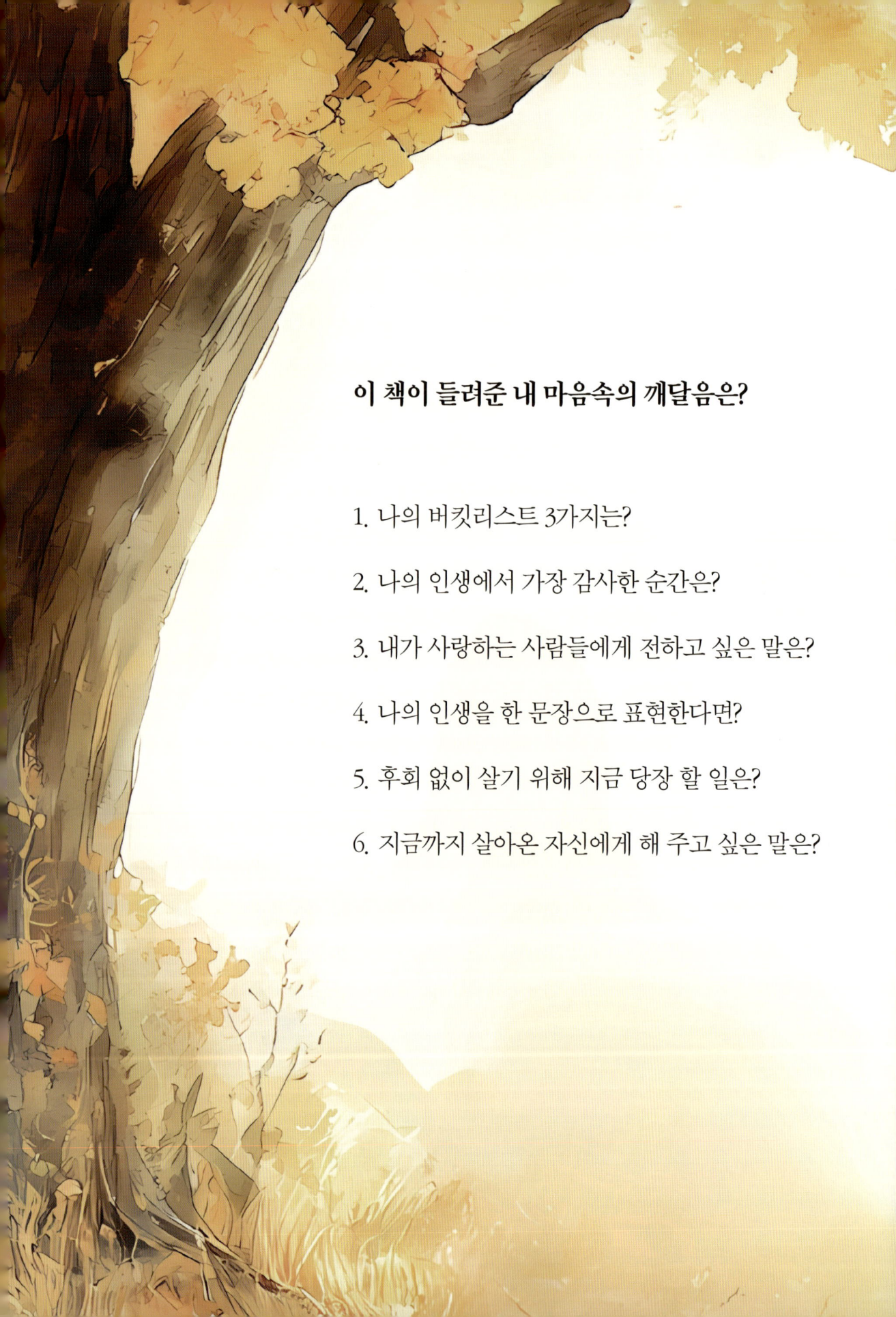

이 책이 들려준 내 마음속의 깨달음은?

1. 나의 버킷리스트 3가지는?

2. 나의 인생에서 가장 감사한 순간은?

3. 내가 사랑하는 사람들에게 전하고 싶은 말은?

4. 나의 인생을 한 문장으로 표현한다면?

5. 후회 없이 살기 위해 지금 당장 할 일은?

6. 지금까지 살아온 자신에게 해 주고 싶은 말은?

죽음에 대해
말할 수 있는 용기가
삶을 더 풍요롭게 한다.